떨켜의 순정

변 철 균 첫 시집

머리말

어릴 적 태어나 자란
동네 마포

성저십리 길,
수목이 울창하고 맑은 시냇물이
흐르는 곳도 아닙니다.

먼지 풀풀 날리는 신작로,
까만 칠 입한 전봇대가
뙤약볕 아래 늘어서 있는 곳
요란한 연막 차 뒤를
쫓아다니던 시절이 있었습니다.

개바위, 쌍용시장, 숭문학교, 염산교회…
그곳에서 꿈을 키우고 성장하였습니다.

변명할 것 없이 지나간 시간
왠지 가슴 한쪽이 먹먹해질 때쯤

귀한 인연으로 박종규 교수님을 뵙고
감히 용기를 내어 봤습니다.

조금이나마 함께
추억하고픈 마음입니다.

2024년 끝자락에서
시인 **변 철 균**

추천의 글

평소 온화하고 자상하신
변철균 선생님께서
아름다운 추억으로
사랑이 가득한
시집 『**떨켜의 순정**』을
출간하게 된 걸
진심으로 축하드립니다.

'시처럼 수필처럼 있는 그대로'의 순수하고
정감이 가득한 첫 시집처럼 제2, 제3의 시집도
매년 추억 가득 펴내시리라 믿습니다.

멋지고 아름다운
인생의 이모작의 시작을
시집 출간으로
힘차게 출발하심을
다시 한번 응원하며
축하와 함께
추천하고 싶습니다.

2025년 1월 눈 내리는 날
제28대 한국체육학회 회장 이 한 경

차 례

머리말 / 4

추천의 글 / 6

제1부 **사과의 질주** / 13

마포종점/ 15
연막 차/ 16
셋방살이(1)/ 18
멸치 똥/ 20
사과의 질주/ 22
아버지/ 24
동창생/ 26
가을풍경/ 28
춤추는 아내/ 30
호두과자/ 32

제2부 **낙엽 사랑**/ 35

김밥/ 37
도토리/ 38
뻥튀기/ 40
부끄러운 마음/ 41
어머니/ 42
친구/ 44
헌시/ 46
셋방살이(2)/ 48
매미/ 50
낙엽 사랑/ 52
떨켜의 순정/ 54
자만심/ 56

제3부 **말(言)의 여행**/ 57

주말 김밥 타령/ 59
지하철/ 60
껍데기/ 62
황 선생님/ 64
한여름 나의 마음/ 66
여름 하늘/ 68
이웃집/ 70
둑방길 가로등/ 72
홍시/ 74
눈 오는 날/ 75
말(言)의 여행/ 76
시인대학/ 78
말 줄임표/ 80

제4부 **나의 기도**/ 81

김장 배추/ 83
내비게이션 시대/ 84
안 패밀리 달력/ 86
장모님/ 88
멸치/ 90
부부/ 92
가족사진/ 94
내 마음/ 96
인생길 나그네/ 98
나의 기도/ 100

에필로그/ 102

제1부 사과의 질주

마포종점
연막 차
셋방살이(1)
멸치 똥
사과의 질주
아버지
동창생
가을풍경
춤추는 아내
호두과자

마포종점

강을 건너지 못한 전차가
밤이슬 맞으며 잠자던 곳

멀리 뽀얀 먼지 속에
여의도는 미지의 세계

다리가 놓이고
고층 건물에 아파트 불빛 휘영청

마포종점
노래는 가끔 들리지만 전차는 없다

훗날 드론 택시
살포시 내려앉는
공중 여객 터미널로 한창 붐빌 때

그때도
"밤 깊은 마포종점…"
흘러간 노래라도 들었으면 좋겠다

연막 차

먼지 폴 폴
신작로
연막 차가 달린다

요란한 자기 자랑
아이들은 용서 없다
저놈 잡아라

겁먹은 연막 차
나 살려라 줄행랑

아이는 연기구름 속
꿈을 먹고
나는 하얀 구름을
가슴에 품고 산다

셋방살이(1)

신혼집은
연탄보일러 있는 단칸방
나지막한 부뚜막

늦은 겨울밤
부엌문 유리창엔
눈이 소복 내린다

문밖
양철판 연탄 통
추위에 밤새 울고

잠든 아내 깰세라
부지깽이 든 손 바쁘다

구공탄 밑 벌건 기운
시린 김칫국 생각나던 밤

그즈음
장모님께서 다녀가셨다

춘천 가시면서
남모르게 젖은 눈
훔치시느라 힘드셨겠다

멸치 똥

말라비틀어져
더 이상
가를 것도 없다

승부를 걸어야 한다
시간과의 싸움
솔로몬의 지혜, 다윗의 용기를 주소서

녀석의 똥 더미
오랜만에 성취감을 맛본다

다만
애처로울 뿐
그냥 삶아도 될 텐데…

사과의 질주

아랫동네
터줏대감
펀치볼 텃세 이겼다

소문 듣고
달려오는 바나나 망고

살살
달리자
너무 빠르다

북극 사는 친구
집 걱정이다

詩作노트/ 우리 주변에서 발생하고 있는 지구온난화 현상에 대한 주의 인식이 필요함을 사과의 재배지 북상으로 표현함.

아버지

믿음직한 풍채에
부드러운 미소

사진 속
그분은 항상 젊다

흐린 기억
참외를 사주던 날

언덕 아래로 굴러 버린
노란 참외만 생각날 뿐

그분 모습은
사진 속에만 있다

늦은 밤
울부짖는 어머니

아이는 이불 속에서
눈물을 삼켰다

지금 아이는
사진 속 그분보다 나이가 많다

그래도
아이는 그분처럼
기억되고 싶다

동창생

캐나다 친구가 온단다
카톡방이 들썩
추석이면 몇 달인데
송환영회 준비 끝
호재를 만났다

만나면
외모 나이 체면 없다
점잖은 안방 노인네들
어린애가 다 된다

수다쟁이
꿈 많은 청춘
동창생들이다

가을풍경

앞산에는
산바람에 몸을 맡긴
나뭇잎들이 수런거린다

하늘 구름은
내 마음의 붓과 함께
맑고 투명한 도화지에
무지갯빛 수채화를 그린다

가을을
살포시 타는지,
노을이 붉게 번지는
하늘을 바라보면

내 마음속
미움 틀에 박힌
못된 생각이
저절로 녹아 버린다

춤추는 아내

오색등 네온 불빛
구슬땀 흐르는 밤

경쾌한 비트
반짝이는 치마

아내는
밤마다 춤을 춘다

영어 회화 보다
댄스가 더 좋다

남자는
거실 내주고
구석방 신세
행복하다

라인댄스는
돈으로 살 수 없는 행복

아내가
라인댄스를
계속했으면 좋겠다

나를 위해서
당신을 위해서

호두과자

출장 마치는 날
경부고속도로 상행선
호두 냄새가 …

그리움 반 반가움 반
알알이 가득 스며든
내 마음

한입 사랑
두 입 웃음

호두과자 한 아름
우리 집 행복

행복은
언제나 나 하기 나름

제2부 낙엽 사랑

김밥
도토리
뻥튀기
부끄러운 마음
어머니
친구
헌시
셋방살이(2)
매미
낙엽 사랑
떨켜의 순정
자만심

김밥

검푸른
바다 기운 머금은
고귀한 외투

한여름 땡볕
모진 비바람
견뎌온 하얀 몸통

울긋불긋
화려한 듯
오묘한 맛의 향연

김밥은 우주의 조화

도토리

동트는 새벽
현관 옆
도토리가 앉아 있다

도토리는
바람의 이야기를 속삭인다

도토리는 하루살이
반가움도 잠시
이내 천덕꾸러기 신세

뒹구는 그에게
아무도 눈길조차 주지 않는다

그래도
도토리는 날마다
아파트를 지키는
초병이 된다

詩作노트/ 새벽 일찍 배달되던 신문의 향수를 도토리로 표현함.

뻥튀기

가을걷이
땀방울

고통을 먹고
성숙해졌다

힘찬 울음소리 토하며
세상에 나왔다

뻥 튀겼지만
고귀한 땀방울

부끄러운 마음

가끔 고개를 든다

기억 저편
잊고 싶은 이야기들

뒤숭숭
멍한 가슴

이른 새벽
침대 머리 걸터앉아
머리 숙인다

가르침을 주고 가셨다

어머니

추석 연휴 마지막 날

추모공원 창 너머
하얀 어머니를 뵙는다

청춘
삼십에
홀로
강아지 네 마리
키워야 했으니
모진 세월 그 어찌 견뎌내셨을까

이제는
어쩌면
저 하얀 옥함이
편안하신지 모르겠다

친구

개똥이
이름이 천해야 오래 산단다

그래서였나
이름이 고왔던 친구는
그리도 일찍 우리와 인연을 끊어버렸다.

천방지축
좁디좁은
동네 골목길 뒹굴던
삼대독자 귀한 녀석

그래도 어르신은
헛기침만 하셨지

이제 내가
헛기침할 나이가 되니
보고 싶구나!

친구야
먼저 보내 미안하다

헌시

백두대간
호연지기 소년
큰 뜻 품고
봄내 이르렀네

화사하고 정다운 곳
새악시 서리 내리고
여섯 병아리 어미 되었네

청춘
격정의 세월
강산은 여덟 번 춤추고
긴 세월 거친 바람
팔호광장 할퀴었지만

기개 넘치는 젊은 오빠
백두대간 호령하는
금강산 호랑이

국가 봉사 완수
자식 농사 대풍
천하 부러울 것 없다

영원한 청년!
의지의 한국인!
사랑합니다
그리고 존경합니다

2010년 5월 2일
가족 일동

셋방살이(2)

콩 콩 콩

모처럼
일찍 퇴근한 저녁

막 돌 지난
딸아이 재롱에
시간 가는 줄 모른다

"재영아!"
아래층
주인집 아줌마
다정한 목소리

반질거리는
계단 타고 들려 온다

나는 급히
아이를 들어 번쩍 올린다

매미

낮밤 없이
생목을 지른다

잠 못 드는 밤
천덕꾸러기

추억 멀리
애물단지

짧은 생애
활화산 같은 삶

황량한
도시에 품은 아쉬움
사랑으로 채운다

낙엽 사랑

무심한
세월 덕에
낙엽은 낙엽일 뿐

부대 자루에 담긴
세월의 패잔병

이맘때쯤
치워야 하는
귀찮은 존재

어느 날
낙엽 속에서
나를 보았다

빨갛게 물든
벌레 먹은 잎 하나

그 안엔
시가 있고
사랑이 있었다

아니
잊고 있었던
나의 인생이 들어 있었다

떨켜의 순정

파르르 떨리는 손
차마
잡지 못하고
너를 보낸다

삭풍 눈보라 속
스러져가는 네 모습

우리 인연은 여기까지
애 끓는 사연 어쩔 수 없어
눈도 코도 귀마저
닫아 버렸다

이 마음
너는 알려나

자만심

시궁창 냄새 풍기며
그놈이 구석에 있다
모두 싫어하고 피하는데도…

더 쌓이면 곤란하다

파리가 꼬이기 전에
빨리 갖다 버려야겠다

제3부 말(言)의 여행

주말 김밥 타령
지하철
껍데기
황 선생님
한여름 나의 마음
여름 하늘
이웃집
뚝방길 가로등
홍시
눈 오는 날
말(言)의 여행
시인대학
말 줄임표

주말 김밥 타령

나른한 오후
아내에게 말했다

"간단한 김밥 하나 말아 줘!"

아내는 현실주의자
"간단한 김밥?"

무심한 한 마디
끝내
사달이 나고 말았다.

지하철

내 기억 속
지하철은 1호선

비 오는 날
시내는
온통 복공판 울음소리

빠아앙
마침내
쌍불을 켜고 다가와
내 앞에 입을 열었다

2호선은 순환선
3호선에 이어 4호선 5호선
6호선 7호선 8호선
우리 집에 가까운 9호선까지

꿈만 같다
신세계다

매표기 주변 한류 팬
우왕좌왕에 괜히 으쓱

아직도 추억 속
지하철은 1호선이다

껍데기

껍데기와 알맹이
나름대로
자기 삶이 있다

알맹이 없는 껍데기
껍데기 없는 알맹이

껍데기와 알맹이
소중한 한 몸

알맹이는 껍데기를
사랑하지만

껍데기는
묵묵히 뚜벅뚜벅
자기 인생을 간다

황 선생님

포마드 바른 단정한 머리
작지만 다부진 체구
투박한 이북 사투리

모교의 전설
황 선생님
누구도 토를 달지 않는다

그 시절
학교 운동장은
로마의 원형경기장
피 끓는 우리는
사자를 때려잡는 검투사

그곳에서 황 선생님은
카리스마 넘치는
우리의 영웅

까까머리 여드름쟁이에게
삶의 멋을 보여준
우리의 영원한 전설

한여름 나의 마음

파란 하늘 뭉게구름
소나기 내리고
여름방학 곤충채집 추억

한여름 불청객
천덕꾸러기
미운 오리 새끼

나 보란 듯 질러댄다
무심한 내 마음
방충망에
빗자루 툭

조용한 불안
왠지 찜찜한 마음

매미 소리
여전한데
내 마음 세월을 먹어버렸다

여름 하늘

한낮의
파란 도화지
뭉게뭉게 용틀임
동물원
글짓기 시간

몰려온 먹구름
번쩍이는 불빛
진동하는 뇌성
소낙비
베토벤 감상 시간

도심 빌딩 사이
붉은 노을
지는 해
눈 호강하는
황혼의 시간

밤하늘
총총 흩뿌려진 보석
휘어진 국자
아름다운 백조
오리온
미지의 과학 탐구 시간

하늘 수업 시간
과목도 다양하다

이웃집

우리 아이 어릴 적
이웃집 엄마 아빠가
더 신났다
숟가락 맞추기는 기본

이사 온 며칠 후
퇴근길 엘리베이터
우리 집은 오른쪽 끝
따라오는 발소리에
뒷머리가 근질근질

다행이다
중간에 딸깍
문 여는 소리

얼굴을 익혀야겠다
먼저 인사 해야겠다

뚝방길 가로등

밤이슬 젖은
늦은 밤 뚝방길

차가운 달빛
메마른 초목 사이
싸늘한 가로등 불빛 하나

밤새
소쩍새 울음뿐
능선 띠 두른 철조망
적막한 산야는
초병의 잠을 깨운다

그때도
새벽이슬
철조망 기둥 비치는
불빛이 그랬다

초병은 생각한다

성탄 전야
함박눈
작은 집
반짝이는 불빛

초병의 얼굴에는
미소가 번진다.

왁자지껄
건너편 가로등 아래
한 무리가 지나간다.

늦은 가을밤 뚝방길
아련한 불빛 아래 나는 서 있다.

그 불빛은 내 기억의
소리 없는 아우성이다.

홍시

파란 하늘 도화지
하얀 구름 사이
까치밥

그 보드라운 속 살
생각하면
침이 고인다

없는 살림에 챙겨주던
어머니 생각

"생각이 난다. 홍시가 열리면…"
노랫소리에
생각나는 사람

늦가을 홍시는
내 추억의 보물창고

눈 오는 날

창가에 선다
낯선 포근함

가지마다 목화송이
엉금엉금 두 가닥 발자국
하얀 이불에
제설차 헉헉
창틀 동영상 한창

해 뜰까 걱정
마를까 걱정

말(言)의 여행

오늘도 여행을 떠난다

천 리 길을 발도 없이

차가운 눈보라, 비바람 속
사랑을 찾아서

밤낮으로
쥐와 새들과 이야기하고
작은 혀 밑에 도끼를 숨기기도 한다

과거에는
말 한마디로 천 냥 빚을 갚기도 했다

긴 여행에서 돌아왔다
돌고 또 돌아
지친 몸은 이내
쓰러져 잠든다

중얼거린다
"가는 말이 고와야 오는 말이 곱지"
꿈속에서도 여행을 하나 보다

그는
다시 먼 길을 떠날 것이다

시인대학

첫날
여의도행 지하철은
두근두근 설렘의 반

마늘 먹고 인간이 된 단군 신화
정원사의 과감한 가지치기 정신

흥미로운 뻥치기부터
자연과 과학 그리고 낭만
현실을 넘나드는
교수님의 열강에
강의실은 후끈

가끔 둘러보는
선배님들의 부드러운 눈길에는
전통에 대한 자부심이 가득하다

어수룩한 창조의 고통
초보 시인의 과제 마감 맛보기
평가 시간 당근과 채찍은
교수님의 필살기

까닭 모를 자신감은
졸업이 임박했음을 알리고
드디어 껍질을 까고 막 나왔다
이제 나만의 시를 써야 한다는 두려움과 자부심

자신 있다
전통과 명예를 사랑하는
시인대학 11기 출신이다

말 줄임표

나
아쉬움
속앓이
사랑 속이기

공감을 바라는
나의 고백

이젠
덜 써야겠다
자기 PR시대

너에게
의지하고픈
내 마음

제4부 나의 기도

김장 배추
내비게이션 시대
안 패밀리 달력
장모님
멸치
부부
가족사진
내 마음
인생길 나그네
나의 기도

김장 배추

소금물 목욕에
늘어져 지친 몸

벌건 범벅
하얀 속살 비벼대는
매서운 시련

고통의 연속
인내의 시간

비로소 인생의 맛
김장 배추는
우리네 삶의 복사판

내비게이션 시대

누르면 통한다
김삿갓 새까만 후배
눈치 보며 인사드린다

말 잘 들어야 한다
고속도로 골목길
어수룩한 행동 용서 없다

우주와 교류 천하무적
도시의 사이비 교주

진리는 통한다
여자 말 잘 들으면
자다가도 떡 나온다

상처투성이의 자존심
인간성 상실

안 패밀리 달력

열두 장 여백 채우기
시큰둥한 반응
관심이 필요하다

승부수는 표지
여섯 자매 사진부터

1월은 부모님 결혼사진
그 시절
패기와 아름다움이
일 순위

졸업 여행 제대 결혼
새 식구 맞이
시 그림

사는 모습 그대로
추억 덩어리

삶은 다르지만
안 패밀리 걸어온 흔적

장모님

귀한 딸 여섯 자매
금지옥엽 키우셨지
얼마나 정성을 기울이셨을까

백년손님들
빈틈없는 장모님 매너에
완전 넉 다운
잡음이 없네

자식 농사짓느라
애쓰신 사연
어찌 말로 다 할까

그 마음
그 정성
우리 가정의 큰 힘이 되었다

멸치

떼 지어
평화를 사랑하는 무리

심해 불구덩이 속
신비를 아는
용왕님 군단

유자망 그물코에
자유를 잃는다

용광로
펄펄 끓는 물
태양 불 고문
투명한 감옥 속
미라 신세

좁은 종지에서도
그들은 함께하며
바닷속 비밀만은 말하지 않는다

부부

내가 말했다
서로의 약점을 알지만
공격하지 않는 게 원칙이라고…

아내가 슬쩍 웃으며 말한다
당신만을 사랑하다가
당신 때문에 못 살겠다는 사이

이번에는 통하겠지
열 개 중에 열 개가 맞아서 사는 게 아니라
열 개 중 하나만 맞아도…
나머지는 서로 맞추며 사는 것

아내가 웃으며 말한다
행복은 돈으로 살 수 없다지만
돈이 없으면 싸우게 되는 우리라고…

부부 관계
더 연구해 봐야겠다

가족사진

딸아이 졸업식 날
가슴 한가득 꽃다발 안고
우리 가족 함박웃음

시집가기 전
함께 추억 여행
시리도록 파란 하늘 바다
언덕 위 하얀 집

그 속에서
우리는 환하게 웃고 있다

딸 내외와 즐거운 여행
조개껍데기 닮은
오페라 하우스 계단에 나란히 앉아
활짝 웃으며 사진을 찍었다.

이젠 더도 말고
서너 손주

웃음 가득한 가족사진
한 장 갖고 싶다

내 마음

내 마음은
말라비틀어졌다
가시도 많다

내 마음에서는
냄새도 난다

거기에는
위선이라는
가루가 묻어 있다

펄펄
끓여야겠다
육수 맛이 날 때까지

인생길 나그네

덜커덩덜커덩
한구석 나그네

젖은 창밖을
불안한 눈동자로
기웃거린다

어둠 속
번쩍이는 불빛
차창을 때리는
빗소리

움츠렸던 나그네는
불안을 떨치듯
창을 마구 문지른다

어둠을 넘어
무엇을 찾으려는 걸까

덜커덩덜커덩
새벽안개 사이 번지는 햇살
투명한 공기를 가르는 새 소리
나그네는 환한 미소를 짓는다

어둠을 뚫고
터널을 지나서
희망찬 대지가
나그네를 반긴다

나의 기도

물 흐르듯이
살고 싶다
창조주의 섭리대로

자연스럽게
살고 싶다
나에게 주어진 복만큼

나 자신을
깨우치고 싶다
절제된 삶으로

자는 듯이
가고 싶다
마음 편하게 살다가

에필로그

여의도 바깥 공기는
소란스럽지만
강의실 열기는 뜨거웠습니다.

그렇게 보낸 시간 속에서
이제 막 껍질을 깨고
세상에 나왔습니다.

부족하지만 더욱 분발을 다짐하며
지도해 주신 박종규 교수님,
늘 함께한 11기 동기들
모두 감사드립니다.

초보 시인이
시 한 편, 한 편을 보여줄 때마다
늦은 시간까지 정성껏
검토와 격려로
힘을 실어 준 아내 안용주 님,
마무리 작업을 도와주신
최재천 교장 선생님께도 감사드립니다.

2025년 새해를 앞두고
변 철 균

| 초 판 인 쇄 | 2025년 02월 06일 |
| 초 판 발 행 | 2025년 02월 13일 |

지 은 이	변 철 균
발 행 처	다담출판기획 TEL : 02)701-0680
	서울시 영등포구 영신로30길 14, 2층
편 집 인	박 종 규
등 록 일	2021년 9월 17일
등 록 번 호	제2021-000156호
I S B N	979-11-93838-36-5 03800
가 격	12,000원

본 책은 지은이의 지적재산이므로 무단전재와 복제를 금합니다.